L'AUTEUR D'UN MOMENT.
COMÉDIE

En un acte, en vers et en Vaudevilles.
Représentée sur le Théâtre du Vaudeville, le

Samedi 18 Février 1792.

. . . . Non non odium regnique cupido
compulit ad Bellum. . . . . .

OVID. Métamorph. liv. 5.

Épigraphe de la Comédie des Philosophes.

Prix, *quinze* sols.

A PARIS.
SE TROUVE

A la Salle du Théâtre du Vaudeville, rue de Chartres;
Et à l'Imprimerie, rue des Nonaindières, n° 31.

Mars 1792.

PERSONNAGES.	ACTEURS.
Mme DE VOLNANGE.	Mlle. Baral.
M. DE JURANCI.	M. Chapelle.
BALIVEAU.	M. Benoit.
DAMIS.	M. Vertpré.
ROSETTE, Suivante.	Mlle. Sara Lescot.
LOURDET, Domestique de Damis.	M. Leger.
CHŒUR D'ARTISTES de l'un et l'autre sexe.	

L'AUTEUR D'UN MOMENT,
COMÉDIE.

Le Théâtre représente un jardin décoré de statues, parmi lesquelles sont celles de Corneille, *de* Racine, *de* Crébillon, *de* Voltaire, *de* Montesquieu, *de* d'Alembert. *Dans l'enfoncement est une petite rotonde de verdure, sous laquelle on a placé un pié d'estal destiné à recevoir un buste. Sur la droite de l'avant scène est une fenêtre avec un balcon.*

SCÉNE PREMIERE.
Madame DE VOLNANGE, ROSETTE.

Madame DE VOLNANGE.

Air : *Le petit mot pour rire.*

Que de plaisir en ce jour,
Me promet aujourd'hui l'amour,
Où mon cœur se repose ;
Fût-il jamais plus beau moment,
Que d'épouser un tendre amant,
Qui fait si bien (*bis*) des vers et de la prose.

ROSETTE.

Sachez que sur ces nœuds si beaux,
La critique tient cent propos,

A

L'AUTEUR

Madame DE VOLNANGE.
Qu'importe qu'on en glose,
Telle qui rit assurément,
Voudroit au fond que son amant,
Fît aussi-bien (*bis*) des vers que de la prose.

ROSETTE.

Madame, en vérité, je ne vous connois plus.

Madame DE VOLNANGE.

Rosette, épargne-moi des conseils superflus ;
J'ai pris mon parti.

ROSETTE.

Quoi! vous pourriez à votre age,
Renoncer pour jamais aux charmes du veuvage,
Et lasse de goûter les plaisirs les plus doux,
Végéter tristement sous les loix d'un époux.

Madame DE VOLNANGE.

L'hymen me plaît.

ROSETTE.

Fort bien ; mais c'est une folie,
Que le sage ne fait qu'une fois dans sa vie.
Pour moi, graces aux dieux, qui sçus jusqu'à ce jour,
Sans effort, il est vrai, résister à l'amour.
Si rencontrant enfin un mortel fait pour plaire,
De l'hymen, par malheur, je me rends tributaire,
Je prends ici le ciel à la terre à témoins,
Que je n'épargnerai ni tendresse ni soins,
Pour remplir les devoirs d'une épouse fidelle ;
Mais si frappé soudain d'une atteinte mortelle,

Cet époux adoré s'avise un beau matin,
De se faire clouer dans quatre ais de sapin;
L'amour envain mettrait mon courage à l'épreuve,
Je ne quitterai point le doux titre de veuve,
Pour finir comme vous, au prix de mon bonheur,
Par m'attacher au char d'un très illustre auteur.

Madame DE VOLNANGE.

Air : *Il abusera les pères.*

Mais à quel titre de grace,
Parlez-vous si librement,
D'un écrivain qu'au parnasse,
Phœbus met au premier rang ?
Apprenez à le connaître,
Et sachez qu'à vingt-cinq ans,
Il surpasse déjà peut-être,
Les écrivains les plus grands.
Soit tragédies,
Comédies,
Parodies,
Elégies,
Soit Rondeaux,
Madrigaux
Et bons mots ;
Il fait de tout en maître.

ROSETTE.

Puisque vous le voulez, je n'ai plus rien à dire :
Mais que prétendez-vous, enfin ;

Madame DE VOLNANGE.

Aujourd'hui rire
Aux dépens d'un fat.

ROSETTE.

Quoi! très-sérieusement ?

Madame DE VOLNANGE.

Cet amour que je feins, n'est qu'un amusement
Que je veux me donner.

ROSETTE.

Excuse ma sottise,
Mais j'ai cru que vraiment, vous en étiez éprise.

Madame. DE VOLNANGE.

Chaque jour, tu le sais, le zélé Baliveau
Nous fait de ses talens le plus riche tableau.
Damis, s'il faut l'en croire, est même avant Corneille,
Du parnasse français, l'honneur et la merveille.
Ses sublimes écrits étincellent de traits,
Que jusques à nos jours on ne connut jamais.
Mais, Paris fatigué du style académique,
Siffle avec nous l'idole et le panégirique.
Et rit de ses pédans, qui pensent à la fois,
Eclairer l'univers et régenter les rois.
Fanatiques d'orgueil, dont la folle manie
Est de se croire un droit exclusif au génie.
De quiconque les flate orgueilleux défenseurs,
De qui sait les braver ardens persécuteurs,
Qui, sur un tribunal érigé par eux-mêmes,
Jugent tous les talens en arbitses suprêmes.

ROSETTE.

Madame. je vous jure, en deux mots trait pour trait,

Voilà de nos messieurs le fidèle portrait.
> Air : *Regards vifs et joli maintien.*
> Je suis au comble de mes vœux.
> Enfin, madame, je respire ;
> Il faut que le fat à nos yeux
> De honte et de fureur expire.
> Se voir berné pour un pédant
> Est bien fâcheux sur ma parole :
> Des rois quoi qu'il soit le régent ;
> Sans respect pour son rudiment,
> Il faut l'envóyer (*bis*) à l'école.

madame DE VOLNANGE.

Pour surcroit de bonheur, il nous arrive ici,
Un de mes vieux cousins, monsieur de Juranci,
Qui, pour me venir voir, profite de la fête,
Qu'en ces lieux, à *Rousseau*, par mon ordre on apprête.
C'est un veillard charmant, qui plein de probité,
Nous a du bon vieux temps conservé la gaîté.
Des modestes talens défenseur intraitable ;
Mais de nos charlatans frondeur impitoyable ;
Sans paraître y toucher, sur ce qui lui déplait,
Il sait, fort à propos, décocher un couplet.
Avec nos deux auteurs, je veux le mettre aux prises ;
Il ne les vit jamais.

ROSETTE.

      A d'étranges méprises
Vous allez donner lieu!

madame DE VOLNANGE.

   Tant mieux, vraiment tant mieux,

L'AUTEUR

Nous nous divertirons;.. mais qui vient en ces lieux?
ROSETTE.
Madame, c'est Lourdet, l'illustre secrétaire
De votre illustre amant, et son page ordinaire.

SCENE II.
Les Précédens, LOURDET.
LOURDET.
Air : de M. de Catinat.

Mon dieu, mon dieu, mon dieu, mon dieu qu'c'est ennuyeux
   D'être valet d'auteur, et d'auteur amoureux !
   Toujours par-ci, par-là, sans le moindre repos,
   Faut courir nuit et jour, et par monts et par vaux.
ROSETTE.
Eh, mon pauvre Loudet! quel désespoir t'agite?
LOURDET.
Mon maître, dans l'instant, va vous rendre visite,
J'viens vous en avertir.
Madame DE VOLNANGE.
                  De ta condition,
Tu parais mécontent.
LOURDET.
              Et c'n'est pas sans raison.
Maman qu'avait senti qu'j'étais bon à queuq' chose,
Pour orner mon esprit un beau jour me propose,
D'entrer chez un auteur. Ça faisait un fier coup
Pour moi, qui m'y sentais du penchant et du goût.
J'y entre donc, croyant ben qu'chez l'zauteurs d'im-
     portance,
L'argent comme l'esprit roulait en abondance.

Qu'on y mangeait sur-tout comm' chez un financier:
Imbécill' que j'étais!... oh! Le chien de métier.
Je n'sais pas seulement comment que j'fais pour vivre,
Si j'demande à dîner monsieur m'présente un livre;
Et quand tout l'long du jour j'men suis ben occupé,
Le soir pour m'restaurer j'vais m'coucher sans soupé.

ROSETTE.
Air: *de la fanfare de Saint-Cloud.*
Compte-tu pour rien la gloire
Qui dans tous les lieux suit vos pas.

LOURDET.
Tout c'qui n'fait manger ni boire,
Pour moi j'n'en fais pas grand cas.

ROSETTE.
Tu jouis plus que personne
Quand ton maître est couronné;

LOURDET.
Oh! j'n'aime pas les couronnes,
Qui m'ont coûté mon dîné.

Air: *trop honnête pour me dire.*
Je savons ben qu'dans la ville,
On dit que c'et un fier auteur;
Qu'il serait ben difficile
D'en rencontrer un meilleur.
Si ça trompe queuq'personne,
Pour-moi ça n'm'abuse pas;
Chaque éloge qu'on lui donne
Me souffle au moins deux repas.

Second couplet.
Vous pouvez sur ma figure,
Juger si je suis un menteur

L'AUTEUR

D'puis six mois j'vous jure,
Je suis maigri qu'ça fait peur.
Chez l'z'auteurs, on peut m'en croire,
V'là quel est notre destin,
Plus l'maître vit de gloire,
Plus le valet meurt de faim.

ROSETTE.
Mon ami, je te plains sans pouvoir te comprendre.

LOURDET.
Mamzelle écoutez moi, j'men vais m'efaire entendre.
Sur mon maître toujours, j'sais fort ben qu'un valet,
Si malheureux qu'il soit doit garder le tacet.
Aussi, c'que j'en dirai, c'n'est point par médisance,
C'est seulement pour parler, j'vous en préviens d'avance.
Or donc, pour en revenir à tous ces grands honneurs
Au fracas que monsieur fait parmi les auteurs,
J'peux ben, sans vanité vous donner ma parole,
Que c'est moi qui lui fais jouer un si grand rôle.

ROSETTE.
Toi !

LOURDET.
Sans doute, mes pieds, mes mains, sans contredit,
L'ont servi pour le moins aussi ben qu'son esprit.

Air : *ah ! que je sens d'impatience.*

Le matin dès que je m'réveille
Faut vite aller chez l'imprimeur,
Chercher les vers qu'monsieur la veille
A composés en son honneur,

Puis par toute la ville, *bis.*
Faut courir les répandre à pleines mains.
Que'uq'fois ma peine est inutile,
Et j'n'en retire que des chagrins.
On m'rudoye par-ci, l'on siffle par-là;
On en rit par-ci, l'on me r'pousse comme ça;
Souvent, souvent, souvent,

Mais je dis, je tiens bon, et à force de crier que mon maître est un grand auteur; on finit par le croire, et

V'là comme, v'là comme la gloire vient en dormant.
Second couplet.
Puis l'soir il faut m'voir au théâtre,
A tout propos crier *bravo;*
Quoi qu'on dise sans en rabattre,
Plus c'est mauvais, plus j'dis qu'c'est beau.
J'fais le diable à quatre,
Avec cinquante amis que j'payons bien,
Nous somm' toujours près à nous battre,
Quand on os' dir' qu'ça n'vaut rien.
Silence, paix-là, c'est trop fort, vraiment,
A bas la cabale; messieurs, c'est charmant,
Charmant, charmant, charmant.

Tout ça fait ben son effet; mais comme pour réussir et faire tomber les autres, je dépensons plus d'argent que nos succès n'en rapportent, ça fait

D'la gloire, d'la gloire sans argent.

Madame DE VOLNANGE.

Monsieur de Juranci doit arriver, Rosette,
Viens, pour le recevoir, acheve ma toilette.

Bon jour l'ami.

LOURDET.

Quoi donc que j'vas dire à monsieur,
Dont près de vous, madam', je suis l'ambassadeur.

Air : *des fraises.*

Il vous a fait des vers d'amour,
Ça mérit' ben queuq' chose,

ROSETTE.

Pour le payer de retour,
Dis-lui pour nous le bon jour,
En prose, en prose, en prose.

SCENE III.
LOURDET *seul.*

Monsieur de Juranci doit arriver, Rosette,
» Viens, pour le recevoir achever ma toilette....
Monsieur de Juranci !... c'est j'pari queuq' rival
Qui vient nous supplanter... Eh ben! nous v'là pas mal.
Moi j'croyais que c't hymen prévenant sa ruine,
Du parnasse affamé remontrait la cuisine.
Je souffrais dans c't espoir, et puis vla qu'c'est fini.
Hé ben, j'dis c'est égal, j'vas le quitter aussi...
Mais comment que j'vivrai ?... j'n'ai pas beaucoup
    d'espèces :
Comment j'vivrai? morgué j'vais faire aussi des pièces

Air : *On dit que dans le mariage.*

Je n'sais pas, j'peux ben me l'promettre,
Où c'que j'vas trouver des sujets ?

C'est égal, faut toujours m'y mettre,
Et les sujets viendront après.
Dam', dam', ça n'vaudra rien,
Et j'dis, ça pourrait bien ;
Mais énfin, ça prendra peut-être,
Comme c'qu'à fait mon maître.
　Second couplet.
Je n'veux pas fair' de comédie,
Ça fait pleurer, on y gémit :
Morgué vive une tragédie,
Au moins l'on s'amuse et l'on rit ;
Et nous j'savons l'moyen
De m'ner la chose à bien,
Et j'pourrons faire rire peut-être,
Tout comme a fait mon maître.

SCENE IV.
M. BALIVEAU, DAMIS, LOURDET.
LOURDET.

LE voici. Chut !
BALIVEAU.
Je touche au comble de mes vœux,
Je vais t'unir enfin par les plus tendres nœuds,
A l'aimable beauté qui fixa ton hommage,
Et ta félicité sera donc mon ouvrage !
DAMIS.
Je sais, mon cher ami, tout ce que je vous dois,
Aussi, quoique l'amour me dicte ici des lois,
Mon cœur non moins fidèle à la reconnaissance....

LOURDET.

Oh ! j'dis pour ça, monsieur, n'faut pas s'mettre en dépense.
Et de c'beau sentiment si vous êtes si touché,
Je crois que vous en s'rez quitte à bon marché.

<small>Air : *Depuis le tems, mam͜zele Fanchette.*</small>

Si faut vous dire c'qu'on pense
De nous dans c'te maison,
Pour c'qu'est d'vot alliance,
Ça n'promet rien d'trop bon.
On donne la préférence
A queuq' autre amoureux
Qui nous coupe l'espérance,
Et nous chasse de ces lieux.

Ne croyez pas que j'badine,
J'vous dis la vérité ;
Aisément je devine
Qu'on vous a supplanté
On attend la présence
De c'rival préféré,
Qui vous coupe l'espérance,
Et vous donne vot' congé.

DAMIS.

Silence.

LOURDET.

Je me tais.

DAMIS.

Laisse-nous.

LOURDET.

Je vous laisse.

DAMIS.
Ecoute.
LOURDET.
Me voilà.
DAMIS.
Vas dire à ma maîtresse,
Que pour entendre enfin confirmer son destin,
L'amour impatient l'attend en ce jardin.
LOURDET.
Oh! l'amour! il est bon.

SCENE V.
M. BALIVEAU, DAMIS.
DAMIS.
Quelle illustre alliance!
De l'objet de mes vœux la fortune est immense.
BALIVAEU.
Il est vrai.
DAMIS.
Je pourrai du sein de mes foyers,
Au gré de nos souhaits dispenser les lauriers,
Du parnasse français devenu ma conquête,
Renverser mes rivaux et plâner sur le faîte.
BALIVEAU.
Sans doute en ce moment, cet espoir t'est permis,
Mais il ne faudra pas oublier tes amis.

Air: vas t'en voir s'ils viennent Jean.

Entre nous sans nul débat,
Partageons la pomme,

L'AUTEUR

Chacun de nous dans l'état,
Doit être un grand homme,
Nous ferons par-tout la loi,
Dans notre carrière,
Tu seras Racine, et moi
Je serai Molière.

DAMIS.
Air : *de la croisée.*

Vous le savez, mon cher ami,
Quelque talent que l'on annonce,
Si l'on n'a Plutus pour appui,
Dans tous états, dans tous pays,
De tous tems la chose est notoire,
Qui manqua d'argent et d'amis,
N'obtint jamais de gloire.

Second couplet.

Je sais que malgré mes travaux,
Dont s'énorgueillit l'hypochrène,
Sans vos écrits, sans les journaux,
On ne me connaîtrait qu'à peine.
Nous voyons des mortels courir
Trente ans en vain après la gloire,
C'est Plutus seul qui fait ouvrir
Le temple de mémoire.

SCENE VI.
Précédens, ROSETTE *à la fenêtre.*

ROSETTE.

sont seuls, écoutons.

BALIVEAU.

Eh! qu'importe après tout,

De

De ses vastes desseins pourvu qu'on vienne à bout.
Le crédule public qu'on sait fort bien conduire,
Séduit par nos prôneurs, les croit et nous admire.
ROSETTE.
Et siffle quelquefois.
BALIVEAU.
Ah ! Damis ! quel beau jour
Brille pour toi ! bientôt couronné par l'amour,
Tu vas voir la beauté te rendre enfin les armes ;
Mais ce qui doit sur-tout ajouter mille charmes.
Au triomphe éclatant que tu vas obtenir,
Ce qui doit plus encor t'enchanter, te ravir,
Parmi ces écrivans fiers d'un tel avantage,
Ton épouse aujourd'hui fait placer ton image.
DAMIS.
Vous vous mocquez.
BALIVEAU.
J'ai dit l'exacte vérité.
DAMIS.
Mais, que va-t-on penser ? car la postérité
Seule a droit, vous savez, de décider la place
Que doit un écrivain occuper au parnasse.
BALIVEAU.
Modeste, et du talent !
DAMIS.
Non... mais je suis confus
Que ces honneurs brillans me soient si-tôt rendus.
Tu plaisantes, je crois ; je veux a l'instant même,

B

L'AUTEUR.

Sur ce merbre éloquent, pour un ami que j'aime,
Graver avec transport un éloge éclatant;
C'est un juste tribut que je paye au talent
(*Pendant que Damis chante ses couplets, Baliveau
grave sur le pié d'estal les quatre vers suivans.*]
» *Aveugle en sa fureur, envain la sombre envie,*
» *De traits envenimés attaqua son génie,*
» *Dictés par la raison, ses subimes écrits,*
» *Seront de tous les temps et de tous les pays* ».

DAMIS.
Air : n'en demandez pas d'avantage.

O vous que j'ai devant les yeux,
Objets sacrés de notre hommage,
Vous dont les écrits merveilleux
Sauront des temps, braver l'outrage;
 D'être à vos genoux,
 Qu'il me seroit doux !
Je n'en voudrais pas d'avantage.

BALIVEAU.
Second Couplet.

Y penses-tu donc mûrement;
Mais mon ami, tu n'est pas sage,
Tu peux prétendre assurément,
A leur disputer l'avantage.

DAMIS.

A les égaler,
 Je sais me borner,
Et je n'en veux pas davantage.

Troisième Couplet.

Mais lorsqu'à peine en mon printems,
De l'univers j'ai le suffrage,

D'UN MOMENT.

Quand on admire mes talens,
A la ville et même au village.
A les surpasser,
J'ai droit de penser
Et je n'en veut pas davantage.

(*En finissant le couplet, Damis monte sur le pied d'estal, et madame de Volnange paraît à la fenêtre*)

SCENE VII.
Les Précédens, madame DE VOLNANGE.

D'AMIS.
Air: *du Calenda.*

Suis-je bien ainsi ?

BALIVEAU.   ROSETTE, Mme. DE VOLNANGE.
Oui, oui, oui.   Fi, fi, fi.

D'AMIS.
Je le crois aussi.

BALIVEAU.
Oui, oui, oui.
Corneille et Voltaire,
Réjouissez-vous,
Un nouveau confrère
Dans ce jour si doux,
Va venir parmi vous.

DAMIS.
Qu'on est bien ici !

BALIVEAU.   ROSETTE, Mme DE VOLNANGE.
Oui, oui, oui.   Psi, psi, psi.

DAMIS.
Que je suis ravi !

Oui, oui, oui.   Psi, psi, psi.

(*Après les avoir un peu sifflés, madame de Volnange et Rosette se retirent.*)

SCENE VIII.
BALIVEAU, DAMIS.
DUO.
Air : *monsieur de Mouti.*

Ah ! quel bruit flatteur,
Tout à coup se fait entendre.
Ah ! quel bruit flatteur
Retentit jusqu'à mon cœur.
Tout en ces beaux lieux
S'empresse de nous rendre
Les *bravo* nombreux
Qu'on adresse à tous deux.

SCENE IX.
Les Précédens, LOURDET.

LOURDET.

J'ai fait ce que monsieur m'a commandé de faire,
Et madame à l'instant va venir pour vous plaire.

DAMIS.
Il suffit.

LOURDET.
J'oubliais le plus intéressant.
Vous veniez de sortir n'y avait guèr' qu'un moment,
Quand d'acteurs pour vous voir une troupe est venue;
Ils vouloient de vot' nom décorer une rue,
Pour mieux vous témoigner et l'estime et le prix,
Que la caisse attachait à vos nombreux écrits.

Air : *tout roule aujourd'hui dans le monde.*
Mais hélas ! ils venaient nos dire,

Que malgré leux peine et leux soin,
Ils n'avaient pu pour vous inscrire,
Trouver de rue un petits coin.
Tout était occupé d'avance;
Mais si ça peut vous convenir,
Ils ont encor, pour récompense,
Un cul-de-sac à vous offrir.

SCENE X.
Les Précédens, M. DE JURANCI, ROSETTE.
ROSETTE.
Air : ça, ça, que je mette.

MESSIEURS, ma maîtresse
Qu'on retient sans-cesse,
Messieurs, ma maîtresse
Arrive à l'instant.
M. DE JURANCI.
Mais en attendant,
Si l'on veut le permettre,
J'oserai me mettre
A sa place un instant.
DAMIS.
C'est nous faire, sans doute un honneur infini.
Quel est cet homme-là?
M. DE JURANCI.
Je suis un vieil ami,
Son cousin, bon vivant, aimant beaucoup à rire,
A chanter encor plus, et jamais à médire.
De la société, je fronde les travers,
Et m'égaye aux dépens de nos faiseurs de vers.
BALIVEAU.
Eh! qu'appellez-vous donc, s'il vous plaît, médisance?
M. DE JURANCI.
Trouver des vers mauvais, n'est médire! je pense

L'AUTEUR.

Que sans doute monsieur rire entre nous.
DAMIS.
Nous ne rions jamais.
M. DE JURANCI.
Hé bien, tantpis pour vous.

Air : *toujours, toujours*.

Rire aux dépens de quiconque m'ennuie,
Voilà ma loi, voilà tous mes desirs,
A les désespérer je veux passer ma vie :
Les sots sont ici bas pour nos menus plaisirs,
Venger le goût, c'est servir sa patrie.
ROSETTE.
Bien débuté, vraiment.
DAMIS.
Oh! le sot animal!
LOURDET.
Ce monsieur-là, mamzel, c'n'est donc pas un rival ?
ROSETTE.
Non sans doute, benet.
LOURDET.
Mamzelle, vous êtes ben bonne,
BALIVEAU.
Ainsi de vos arrêts vous n'épargnez personne.
M. DE JURANCI.
Du mérite, monsieur, je suis l'admirateur,
L'ami, le partisan, le zélé défenseur
Des lettres et des arts, dès l'enfance idolâtre.
Long-tems avec transport, j'ai suivi le théâtre :
J'ai vu dans mon printems briller ces jours si beaux,
Où naissaient à l'envi des chefs-d'œuvres nouveaux.
J'ai vu dans le lieu même où raignoient les Corneilles
Du Sophocle français éclore les merveilles.
Œdipe, Mahomet, et Mérope et Brutus,
M'ont arraché des pleurs jusqu'alors inconnus :
Là mon cœur aggrandi par la fierté d'Alzire,

Aimait à s'attendrir aux malheurs de Zaïre.
Mais tout est bien changé! Depuis que les destins
Jaloux de nos plaisirs, ont de leurs tristes mains,
Du chantre de Ferney, terminé la carrière.
On dirait qu'expirant à son heure dernière,
Melpomène avec lui descendue au tombeau,
Ait brisé pour jamais son tragique pinceau.
DAMIS.
Ainsi donc, selon vous, à ranimer sa cendre,
Nul auteur aujourd'hui n'a le droit de prétendre!
M. DE JURANCI.
Je n'en connais pas un.
ROSETTE.
Fort bien, vraiment, fort bien.
DAMIS.
Vous avez votre avis, et chacun a le sien.
Mais pour moi j'en connais qui nous ont sur la scène,
Avec certain éclat, rappellé Melpomène.
M. DE JURANCI.
Air : *la vieille méthode.*

Parler à l'esprit, interresser les cœurs;

Par le sentiment nous arracher des pleurs;

Repousser bien loin les tragiques horreurs,

  C'étoit la vieille méthode.

Choisir aujourd'hui des monstres pour héros;

Ne parler jamais que de fers, de bourreaux,

Et pour dénouement offrir des échafauds,

  Voilà les pièces à la mode;

Second Couplet.

Laisser le public décider librement,

Avec respect attendre son jugement,

Dans ses rivaux même admirer le talent;

  C'étoit la vieille méthode.

Pour devenir célèbres à quelque prix,

Et faire estimer leurs très-pauvres écrits,
Frondrer & décrier les plus grands esprits,
  Voilà les auteurs à la mode.
Je n'exagère point : soyez de bonne foi.
Vous serez à coup sûr du même avis que moi.
Par exemple, messieurs, qui pourrait ne pas rire
De voir certain auteur que l'injuste satire
Des talens, du génie, à rendu le fléau ;
Pour un adolescent Don Quichotte nouveau,
Abusant à l'excès d'un peu de renommée,
Sous les traits d'un géant nous offrir un pigmée.
J'ai fait sur ce sujet quelques petits couplets
Que je veux vous montrer...Ils ne sont pas mal faits.
   DAMIS.
J'étouffe de colère.
   ROSETTE.
 A merveille.
   BALIVEAU.
      J'enrage :
Nous jouons, je l'avoue un charmant personnage,
   M. DE JURANCI.
Où diable sont-ils donc ?
   BALIVEAU,
     Que faisons-nous ici ?
Suis-moi, retirons nous.
   M. DE JURANCI.
    A la fin les voici :
Vous pourrez, si le ton vous en paraît comique,
Les faire, en payant bien, placer dans la Chronique.
  Air : *j'ai perdu mon âne.*
 Ecoutez l'histoire,
 Digne de mémoire....
   DAMIS.
  Air : *on compterait les diamens.*
Gardez pour d'autrres vos chansons.

Voyez un peu le beau mérite,
M. DE JURANCI.
Oh ! je dévine vos raisons,
Au grand courroux qui vous agite :
Tant pis si cela vous déplaît,
Messieurs, chacun à sa manie
J'estime plus un bon couplet,
Qu'une mauvaise tragédie.
DAMIS et BALIVEAU.
Air : non , je n'aimerai jamais que vous.
A quel titre vous permettez-vous,
D'outrager ici des talens qu'on y prise ?
A quel titre vous permettez-vous,
D'oser vous jouer à des gens tels que nous ?
M. DE JURANCE.
Messieurs, pardon, excusez ma méprise,
Je vois enfin d'où naît votre embarras,
Un peu trop loin j'ai poussé la franchise)
Mais j'ai dit vrai, je n'en démordrai pas.
LOURDET,
Air : ça ira.

Ça n'va pas mal,

Non pas mal,

Non pas mal,

Ils sont furieux d'un pareil outrage ;

Ça n'va pas mal.

Non pas mal,

Non pas mal
Mais pour c'qu'est de moi, j'dis ça m'est égal.
ROSETTE.
Pour se venger d'un discours trop loyal,
Ils vont demain braquer sur vous quelque journal ;

ENSEMBLE.

ROSETTE, M. DE JURANCI.	BALIVEAU, DAMIS, LOURDET.
Mais c'est égal, *ter*.	Oh ! c'est égal, *ter*.
Ils ont toujours eu leur petit partage.	Deux contre un nous aurons l'avantage,
Oui c'est égal, *ter*	Oh ! c'est égal, *ter*.
Jamais le combat ne peut être fatal.	Certe le combat lui doit être fatal.

SCENE XI.

Les Précédens. Madame DE VOLNANGE,

Madame DE VOLNANGE.

MEssieurs tout doux ;
Mais entre vous,
D'où naît donc ce tapage :

BALIVEAU.

On nous insulte sans pudeur,
Mais pour peu que l'on ait du cœur,
L'homme à talent,
Impunément,
Souffre-t-il qu'on l'outrage ?

ENSEMBLE.

Air : non, je n'aimerai jamais que vous.

Madame DE VOLNANGE.	DAMIS, BALIVEAU.
Vous avez raison, l'on a grand tort,	Il ne faudrait pas qu'on vint encor
D'user contre vous des traits de la satyre ;	User contre nous du fiel de la satyre ;
Vous avez raison l'on a grand tort,	Il ne faudrais pas qu'on vint encor,
Et je ne saurais approuver ce transport.	On pourrait payer bien cher un nouveau tort.

M. DE JURANCI, ROSETTE, LOURDET.

Je crois franchement qu'on n'a pas tort :
De vous, sans danger, il est permis de rire :

Je crois franchement qu'on n'a pas tort,
Ici contre vous tout le monde est d'accord.
DAMIS.
Quelque soit mon courroux adorable Volnange,
Je puis tout oublier quand votre cœur me vange.
Aujourd'hui, dans ce lieu, vous me l'aviez promis,
Par d'eternels liens, nous devons être unis :
Et j'ai pour sûr garant de l'hymen qui s'apprête,
Le triomphe éclatant, la glorieuse fête,
Dont votre amitié tendre et vos généreux soins,
Pour prix de mes transports vont nous rendre témoins.
M. DE JURANCI
Et vous croyez vraiment, monsieur, qu'on vous épouse ?
DAMIS
Votre ame de nos feux seroit-elle jalouse ?
M. DE JURANCI.
Pas du tout, je vous jure.
BALIVEAU.
On croit à vos sermens.
M. DE JURANCI *à madame de Volnange*
Non ; mais je vous suppose un peu trop de bon sens,
De prudence et de goût pour former une chaîne...
Madame DE VOLNANGE.
Laissez, mon cher cousin, vous prenez trop de peine.
LOURDET.
Bon ! le v'là rembarré d'une joli' façon.
M. DE JURANCI.
Qui ! moi ! je souffrirai....
Madame DE VOLNANGE.
Mais, mon cousin, paix donc.
Oui messieurs j'ai promis de me donner un maître.
Et bientôt en ces lieux vous allez voir paraître
L'image de l'époux dont mon cœur a fait choix.
DAMIS.
Quel moment enchanteur !

M. DE JURANCI.

Oh ! j'y suis cette fois.

BALIVEAU,

On ne saurait unir plus de délicatesse
A plus de sentiment, de grace et de tendresse.

DAMIS, BALIVEAU, LOURDET.

Air : *je suis Madelon Friquet.*
En dépit des sots jaloux.

ta
L'amour va couronner ma flamme
sa
En dépit des sots jaloux,
Madame
Te
Me prend pour époux.
Le

M. DE JURANCI; Mme DE VOLNANGE, ROSETTE.

Il donnent dedans, tout est au mieux,
Nous allons rire de leur surprise,
Et de la méprise
De tous deux.

ENSEMBLE

M. DE JURANCI, Madame DE   BALIVEAU DAMIS,
VOLNANGE, ROSETTE.   LOURDET.

tes
Quel moment délicieux ! Le jour qui comble mes vœux,
ses
Tout rénssit, tout nous pros- N'est plus je crois une chi-
père   mère;
tes
Quel moment délicieux ! Le jour qui comble mes vœux,
ses
Tout s'arrange au gré ne nos Enfin va briller à nos
vœux.   yeux.

(*On entend dans l'éloignement la ritournelle du chœur suivant* : du Devin du Village.

DAMIS.

Quels accords enchanteurs, quels sons se font entendre ?

madame DE VOLNANGE

Ceci n'a rien, monsieur, qui doive vous surprendre.
D'artistes distingués, un cortège ce soir
Se fait, je vous l'ai dit, un honneur, un devoir
De placer en ces lieux l'image d'un grand homme
Que l'on eût adoré dans Athène et dans Rome.

SCENE XII et dernière.

Les Précédens, cortège D'ARTISTES de l'un et de l'autre sexe. (*Une troupe d'Artistes, précédés d'instrumens, entre en marche. Le buste de* Rousseau *est porté sous un petit palanquin, par quatre femmes vétues de blanc. Damis est placé avec Baliveau sur le côté de la scène, de manière que s'inclinant profondément, tandis que le cortège défile, ils n'apperçoivent pas d'abord le buste sur lequel est écrit le nom de* ROUSSEAU.)

CHŒUR.

Air : *quand on sait aimer et plaire.*

La beauté par un sourire,
T'appelle dans ses foyers,
Et c'est où l'amour respire,
Que sont les plus beaux lauriers.

LES FEMMES.

Ah! pour nous quelle allégresse,
De partager ses transports !
Et d'unir à son ivresse
Et nos chants et nos accords.

CHŒUR.

La beauté par un sourire,
T'appelle dans ses foyers,
Et c'est où l'amour respire,
Que sont les plus beaux lauriers.

(*On place le buste sur le pié d'estal*)

Madame DE VOLNANGE.
Sur ce front révéré déposez la couronne ;
Cet honneur vous est dû beaucoup plus qu'à personne.
DAMIS.
Ah! ne l'exigez pas.
Madame DE VOLNANGE.
Vous résistez envain.
Elle aura plus de prix sortant de votre main.
LOURDET.
Je ne scais pas si c'est vous qu'on a prétendu faire ;
Mais ce portrait, monsieur ne vous ressemble guère.
DAMIS.
Juste ciel! qu'ai-je vu!
ROSETTE.
Fort bien.
BALIVEVU.
Mais c'est Rousseau.
Madame DE VOLNANGE.
Et de qui donc ces vers ?
ROSTTE.
De monsieur Baliveau :
Qui, bien persuadé qu'on gardait cette place
Pour son modeste ami l'ornement du parnasse ;
Sur ce marbre tantôt, a de sa propre main,
Gravé modestement ce modeste quatrain.
M. DE JURANCI, *lisant.*
» *Aveugle en sa fureur en vain la sombre envie ;*
» *De traits envénimés attaqua son génie.*
» *Dictés par la raison, ses sublimes écrits*
» *Seront de tous les temps et de tous les pays* ».
A merveille, monsieur envers l'auteur d'Emille,
Vous n'avez pas toujours usé du même style,
DAMIS.
D'un trait aussi piquant je reste annéanti.

M. DE JURANCI.

En brave, croyez-moi, prenez votre parti.
Et rendez avec nous justice à ce grand maître,
Qne votre esprit jaloux n'avait pas su connaître.

CHŒUR.

Air : *si des galans de la ville.*

DAMIS, BALIVEAU.   TOUT LE MONDE.

DAMIS, BALIVEAU.	TOUT LE MONDE.
Ciel ! ô désespoir ! ô rage !	Philosophe aimable et sage,
Quel triste et sanglant affront !	Ah ! si tu fus outragé
Oui je mourrai de l'outrage	Par nos vœux, par notre hommage,
Dont vient de rougir mon front.	Tu dois être bien vengé.

ROSETTE

Ici chacun vous invite
A renoncer aux honneurs ;
Ce n'est, messieurs, qu'au mérite
Que nous accordons nos cœurs.

CHŒUR.

Ciel ! ô désespoir ! ô rage ! Philosophe aimable et sage.

Madame DE VOLNANGE.

Après un triste veuvage,
L'himen me dicte des loix ;
Et voilà la chère image
De l'époux dont j'ai fait choix.

CHŒUR.

Ciel ! ô désespoir ! ô rage ! Philosophe aimable et sage.

M. DE JURANCI.

Sa fortune était immense
Et d'un bien si désiré ;
Il est plus dur qu'on ne pense
De se voir ainsi frustré.

CHŒUR.

Ciel ! ô désespoir ! ô rage !	Philosophe aimable et sage,
Quel triste et sanglant affront !	Ah ! si tu fus outragé,
Oui je mourrai de l'outrage	Par nos vœux, par notre hommage,
Dont vient de rougir mon front.	Tu dois être bien vengé.

CHŒUR *de M. Deshaies.*

Eh ! gai, gai, pas de chagrin,
La méprise

Est permise ;
Eh! gai, gai, gai, pas de chagrin,
Vous serez plus heureux demain.

DAMIS.

Grand dieu quel coup funeste !
Je n'en puis revenir,
Le parti qui me reste,
Et je crois de sortir.

(*Il sort.*)

Chœur.

Eh! gai, gai, gai, pas de chagrin.

BALIVEAU.

Vous triomphez, madame,
De voir notre embarras,
Vous méprisez sa flamme,
D'autres en feront cas.

(*Il sort.*)

Chœur.

Eh! gai, gai, gai, pas de chagrin.

LOURDET.

Servira je vous jure,
Qui voudra votre auteur,
J'vas d'après c't,avanture,
Servir quelque traiteur.

(*Il sort.*)

Chœur

Eh! gai, gai, pas de chagrin.

ROSETTE.

Quand il vous a fait rire,
Un auteur est ravi ;
Mais nous savons lui dire ;
S'il n'a pas réussi.

Chœur.

Eh! gai, gai, gai, pas de chagrin.

FIN.

www.ingramcontent.com/pod-product-compliance
Lightning Source LLC
Chambersburg PA
CBHW060530050426
42451CB00011B/1731